D1476681

Ar Ddisberod
Elan Grug Muse

Ar Ddisberod

Elan Grug Muse

Cyhoeddiadau
Barddas

Ymddangosodd y cerddi canlynol mewn amrywiol gyhoeddiadau:

'Trochi': *Panorama, The Journal of Intelligent Travel 1*, Medi 2016

'Dyma drefn y byd': *Tu Chwith*, 2014

'Y bore hwnnw', 'Grandpa': detholiadau o 'Awelon', *Cyfansoddiadau Eisteddfod Genedlaethol yr Urdd Sir Benfro 2013*

Cyfansoddwyd 'Bwningen', 'Dinas Dinlle' ac 'Oriawr Taid I' fel rhan o Her Can Cerdd 2013 Llenyddiaeth Cymru

ⓑ Elan Grug Muse/Cyhoeddiadau Barddas ©

Argraffiad cyntaf 2017

ISBN 978-191-1584-02-5

Cyhoeddwyd gan Gyhoeddiadau Barddas gyda chymorth ariannol Cyngor Llyfrau Cymru.

Argraffwyd gan Wasg Dinefwr, Llandybïe.

I Lena a Gwilym Jones,
a Ben a Ruth Muse

Diolchiadau:

Hoffwn ddiolch i bawb fu'n rhan o greu'r gyfrol hon ryw ffordd neu'i gilydd, mi rydach chi i gyd yn werth y byd (ryw ffordd neu'i gilydd). Ond rhaid diolch yn benodol i ambell un a chodi cywilydd arnyn nhw trwy eu henwi. Diolch felly i Eleri Wyn Owen a staff Ysgol Dyffryn Nantlle am fy rhoi i ar ben ffordd; i Gwen Lasarus a'i gwaith yn hybu llenyddiaeth ymysg plant a phobol ifanc Gwynedd; i fy nheulu a'm ffrindiau yn Nyffryn Nantlle, Nottingham, Prag, Madrid, Cape Cod ac Abertawe; i griw *Y Stamp*: Miriam Elin Jones, Llŷr Titus a Iestyn Tyne am eu cyngor a'u cefnogaeth; i Elena Gruffudd a Barddas am y cynnig i gyhoeddi ac am eu gwaith yn dod â'r gyfrol hon at ei gilydd, a hefyd i'r Cyngor Llyfrau am eu gwaith hwythau; ac yn ola, y ddau bwysicaf un, sef Mam a Dad. Diolch o waelod calon i chi i gyd.

Cynnwys

Gwawrio   9

El Camino de Santiago   10

Corsydd mawn   12

Pacio   13

Trochi   14

Bwningen   16

Coffi   17

Y Ddraenen   18

Crys cotwm   20

Kanada   21

Grandpa   22

Glynllifon yn y glaw   24

Hiraeth   26

Yn y ddinas   27

Gwylanod   28

Teresa a Chema   30

Dyma drefn y byd   32

Y bore hwnnw   34

Oriawr Taid I   35

Oriawr Taid II   36

Etifeddiaeth   38

Cawodydd   40

Mam yn yr *almendros*   42

Gorffennaf   44

Deiliach   46

Dinas Dinlle   47

Fin nos   48

Amgueddfa Perthnasoedd Toredig   49

Ffenestri'r nos   50

3.52 y.b.   52

Fore trannoeth   53

Eiliad yn yr haul   54

Disberod   55

Gwawrio

Wedi gwisgo'r dydd
yn lifrai melyn am ei 'sgwyddau
a rhoi'r haul i d'wynnu yng nghlymau'i wallt
brasgamodd y diwrnod hwnnw
i fyny llethrau'r foel
gan hel y nos yn frysiog
yn ôl i bocedi ei gôt.

Craig y Fron, 2014

El Camino de Santiago

Mae'r lôn i Santiago'n bell, bererin,
a fydd yn brain yn malio dim
os 'steddi di yn fa'ma efo fi
i'w gwylio'n chwerthin yn y coed.

Tyrd, maedda dy drowsus yn y tywod llwyd,
ac falle gweli di fel bydd
dail y coed almwnd
wedi crychu fel clustiau sgwarnog
i wrando ar fudandod pell Madrid,
a'i thyrau sglein
yn wincio yng ngolau slei y pnawn.

Mae'r lôn i Santiago'n bell, bererin,
a'r caeau o dy flaen yn hesb a llwm.
Daw cysgod eryr uwch dy ben
a chlec y gwn o'r gwrych,
a bydd y lôn yn hir.

Fe weli garnau y ceffylau yn y baw,
ôl arad yn y pridd, a'r lôn
yn llifo'n afon at y Sierra
lle mae'r eira'n brathu
bodiau'r cymylau
ac oglau pin
yn llosgi'r ffroenau.

Mae'r lôn i Santiago'n hir, bererin.
Arhosa gyda'r brain
i wrando sŵn eu chwerthin
yn y coed.

Montecarmelo, Madrid, 2016

Corsydd mawn

Bron i mi ddisgyn mewn i gorsydd mawn dy lygaid,
fy nhraed yn suddo rhwng y brwyn
a'm sgidiau'n cael eu sugno mewn i'r mwd.

Oedais, a gwylio
dagrau crocodeil y gwlith
yn wincio yng ngolau'r bore
gan deimlo 'nhraed yn suddo,
fesul modfedd, mewn i'r mawn.

Gwrandewais
ar suo gwas y neidr
ym mlaguron saffrwm-
a-chnau coco'r eithin,
a gwres yr haul yn danbaid ar fy ngwar

       cyn cau fy llygaid,

codi fy sgidiau o'r mwd
a thorri llwybr
at y tiroedd saff.

Buttermere, Ardal y Llynnoedd, 2012

Pacio

Dwi'n hen, hen law ar bacio erbyn hyn,
ar hel bob dim yn daclus
mewn i rycsacs a bocsys
a phocedi trwm fy nghôt;

ar wagio'r droriau
ac ysgwyd golau
boreau hirion yn yr haul
o blygiadau'r dillad gwely.

Wedi dod i arfer codi pac;
a chasglu geriach a'i ddidoli,
a lapio pethau bregus
rhag eu torri ar y daith.

A heno, mewn stafell noeth
dwi'n plicio atgofion
fel hen flw-tac
oddi ar y walia,
ac yn rhoi 'nghwpan de o galon
mewn nyth o sanau gwlân
rhag holl gnociadau'r daith.

Las Tablas, Madrid, 2016

Trochi

Daw'r lleuad 'rôl y cathod,
'rôl cysgodion, 'rôl cynffonnau
fy mreuddwydion, 'rôl
plu'r gweunydd diadain.

Daw'r glaw ar ôl y dagrau,
'rôl canhwyllau'r llygadau,
'rôl y llygod mân sy'n gwibio
o dan odre sgert y wawr.

Ac ar fy ôl daw'r sêr,
yr holl sêr oerlas, glas fel eira,
sêr melys fel y medd
a'm hel i lawr, lawr, lawr
at yr hen fôr du
a fu'n aros cyhyd
amdana i.

A daw porffor 'rôl yr hedydd,
'rôl y gweiriach ffresh-fel-mintys

wrth i'r dyfroedd lyfu 'modiau
a fy nghluniau, a fy mronnau
a chrogi'n gadwyn am fy ngwddf,
yn oer fel ceiniog arian.

A daw golau'r lloer 'rôl golau
gwyn, 'rôl golau cysglyd, aur y wawr.
A nofiaf, gydag anadl losg
a chroen fel matsien,
wrth i'r oerfel ddod 'rôl
cenllysg mân a niwloedd
a gaeafau cudd fy nghroen.

Dinas Dinlle, 2016

Bwningen

(i Dad, ddaru ddysgu Cymraeg)

Law yn llaw, fe aethom ni
hyd lwybrau llefaredd
yn dad a merch.

Minnau'n rhuthro 'mlaen
â hyblygrwydd meddwl baban.
Tithau'n ymrafael â cheinciau cystrawen,
ymgodymu â gramadeg
a thriog rhyw synau estron.

Roedd geiriau'r hwiangerddi'n newydd i ni'n dau,
a ninnau'n creu ein dialect ein hunain.

A doedd y fwningen lygad-marblis
yn malio dim fod dy acen di'n ddoniol
a dy dreiglo di'n drwsgl.

Carmel / Hostivař, 2013

Coffi

Defod yw gwneud coffi.
Ac fel pob gweddi
rhaid rhoi pob rhan o'r enaid ynddi.

Ac yn y boreau bach creulona,
gwan eu golau, sŵn glaw
a gwrid y nos yn dal ar y bochau,

rhof y dŵr yn y pot
a'r powdwr du'n ei ddysgl
a'i osod ar y gwres, a disgwyl.

Ac wrth ddisgwyl, dyna pryd
y byddaf i a fy meddwl
yn cael hoe

i dyrchu drwy bapurach,
amlenni blêr a hen resîts
yr enaid, a gwneud cownt

o enillion a dyledion
y cyfeillion a'r lladron –
arferion afradlon y galon.

O dysg fi i lifo,
megis coffi du
i'r mŵg.

Abertawe, 2017

Y Ddraenen
(i Nain yn 90 oed)

Mae hi fel 'deryn bach,
plyfynnau gwyn ei gwallt
yn ffluwch mewn awel fain.

Ei chroen yn glytwaith o sidanau
wedi'u brodio efo edau
piws a gwyrdd, a'i llygaid glas
yn gleisiau lapis laswli.

Mae Nain fel draenen wen;
ei bysedd main a'i breichiau
yw'r brigau hir
a blethwyd ac a blygwyd
gan lond cefnfor
a wyntoedd a thymhestloedd cas.

Ond syrthiodd hon erioed.

Yng ngwreiddiau hon,
y gwreiddiau anweladwy
sy'n ymblethu a nadreddu
ym mherfeddion y tir, mae nerth.
Fe safodd hon, a'i chreffynnau am y graig
yn dynn, ac esgyrn ei migyrnau'n wyn.

Mae Nain fel draenen wen,
ei boncyff wedi crymu yn y gwynt.

Ond gyda'r haf, bydd hon eto'n
ei gwenwisg eirionwe,
yn lluwchio blodau gwyn,
yn storm o flodau Mai.

Abertawe, 2017

Crys cotwm

Ymhlyg,
fel crys cotwm yn dy freichiau,

yn llipa yn dy ddwylo,
wedi fy smwddio
a 'ngwisgo unwaith
yn bluen gynnes ar dy groen.

Fe gaf fy lapio
a fy stwffio
mewn i ddroriau pell
i orwedd mewn rhyw lesmair hir.

Ac fel hynny'n araf bach
fe af yn angof,
a daw gwyfynod brith
a bysedd hir
i gnoi a briwio
'nefnydd brau
yn griau
unig,
oer.

Petawn i ymhlyg,
fel crys cotwm yn dy freichiau.

Abertawe, 2017

Kanada

(y stordai lle'r aed ag eiddo y rhai a laddwyd
yng ngwersyll Auschwitz yn ystod yr Ail Ryfel Byd)

Esgid fach
maint dau, lliw coch,
a'r bwcl bach yn cau
dros droed fach goll.
Lle mae'r perchennog ifanc?
Aeth i'r coed,
esgid newydd ar bob troed?

Blentyn bach.

Auschwitz, 2010

Grandpa

(detholiad o 'Awelon')

Yn fy mhen, mae'n ddiwrnod braf
a'r haul yn dawnsio tango efo'r dail.
Gwyliaf ei ddwylo,
ei gledrau'n lleder llyfn
a'i wythiennau'n mapio'n gywrain
ryw lefydd pell ar ei ddwrn.

Gwyliaf ei ddwylo'n ymbalfalu'n
fedrus yn y pridd
gan gwpanu'r gwreiddyn
yn dyner, fel pen baban,
a'i osod yn ofalus
yng nghroth y tir.

Mae rhosyn Saron
yn gwrido dan y lein ddillad
wrth iddo eistedd yno'n chwynnu.
Gwelaf wenynen yn gwawdio
can dyfrio gwag,
ac mae'r coed yn siglo
yn feddw yn y gwynt.

Ac mi welaf ddafnau cynta'r glaw
yn syrthio
yn dalpiau
ar ei dalcen crych.

Cape Cod / Nottingham, 2012

Glynllifon yn y glaw;

ac yn y coed
mae dafnau'r glaw yn syrthio yn eu hunfan,
yn araf fel y sêr.

Diferion boliog yn llithro tros bilennau gwythiennog
y dail; yn dryleu,
a'r golau potel wydr, gwyrdd
fel haul trwy amrannau llygaid cau.
Dail mor llaith a thywyll
â chroen llo bach.

Ac yng Nglynllifon yn y glaw,
dadfeiliwn ninnau fesul tipyn
rhwng y rhedyn tal.

Diferwn fel y nentydd
a'r pinnau melys o frigau'r ffynidwydd.
Syrthiwn fel dafnau plwm y gwlith
o'r gwe pry cop a diflannwn
fel glaw i lyn.

Yng Nglynllifon yn y glaw,
o dan y dail, fe lithrwn
fel diferion
fesul un
yn nes at anhrefn.

Dyffryn Nantlle, 2015

Hiraeth

Daeth hiraeth mewn gŵn sidan
i ddawnsio'n droednoeth
ar loriau pren y daflod.
Gosododd lamp i grogi
o drawstiau'r to
ac fe wyliais
y gwyfynod llwyd
yn llosgi eu hadenydd
yn ei gwres.

Nottingham, 2015

Yn y ddinas

'Dan ni'n dod â'n coffis drud
i'w hyfed yn y parc, cwpanau cardbord,
bodiau sigaréts a chotiau slic,

gyda'n sodla, milgwn a lycra,
yn cario'r ddinas efo ni
yn wm cnoi ar wadnau'n sgidia.

Yn dod i chwilio am yr awen
rhwng boncyffion syth
coed bythwyrdd o Siapan,

yn twtio lawntiau gerddi zen
a gwneud ioga dan ganghennau'r
coed pomgranad.

Cyn mynd adre
i sgwennu baledi hir, hiraethus
am chwyn, carcasau ŵyn
a'r glaw.

Jardines del Buen Retiro, Madrid, 2016

Gwylanod

Ar y traeth y pnawn hwnnw
roedd glawiach Ebrill
yn hallt ar wefus
a'r gwynt yn cwyno
rhwng y twyni llwyd.

Ar draethell rhwng dau lanw
roedd y gwylain
wedi hel i sgrechian
eu sgyrsiau mewn i'r gwynt.

Gwyliais nhw'n codi,
bob yn un,
i 'stwytho'u plu
ac esgyn efo'r gwynt
i lithro ar hyd ponciau'r ceryntau,
cyn plymio mewn i'r tonnau bach
heb adael mwy na chryndod ar y dŵr.

Yna, ymddangos eto,
yn Lasarus o'r môr
a chlymau blêr
o goesau a chymalau yn ysbail yn eu pig.

Ac wedi oedi ar frig awel
       fel anadl wedi'i dal,

gollwng cranc, neu gragen las
a'i chwalu'n siwrwd ar y traeth islaw.

Disgyn wedyn
'nôl lawr
i bigo
rhwng cyrbibion cnawd a chragen
am y cig.

Cyn dychwelyd at eu sgrechian.

Cape Cod, 2016

Teresa a Chema

(a Paco ar y *guitarra*)

Maen nhw'n dawnsio yn y parc,
yn tanio tanau gwyllt
o dan eu traed.

Maen nhw'n dawnsio efo rhosod yn eu gwallt,
ac yn chwipio'u sidanau
yn stormydd o liw gwin a gwaed.

Ai dyma ydi *duende*?

Achos mae'r curiadau'n fy atgoffa
o lefydd pell ar fapiau
ac o fellt ar y gwastadeddau;

o linellau ar gledr llaw
ac oglau coed cyn storm
a lliw y môr cyn glaw;

o sgyrsiau ganol nos
sy'n gwrthod gorffen
a chorneli tywyll yng Nghaernarfon;

o'r machlud dros Groesor
a'r wawr dros Gwmorthin
ac o Chema, Teresa
a Paco yn chwerthin.

Madrid, 2015

Dyma drefn y byd

(er cof am gydnabod a fu farw ymhell, bell o flaen ei hamser)

Nid dyma'r drefn.
Nid dyma drefn y byd
rhwng crud ac arch
ac arch a chrud.

Fydd neb yn cofio'r dagrau mud
a wylais i'n ddi-dyst.
Mi lithran nhw i fwrllwch ebargofiant,
yn fflyd o gychod brwyn yn storm y nant
a finna'n dal heb ddallt mai dyma'r drefn,
mai dyma drefn y byd
rhwng crud ac arch
ac arch a chrud.

Heddiw, dwi 'di gwylltio efo'r byd
a dwi'n gwrthod dallt
na thrio gweld
mai dyma'r drefn
rhwng arch a chrud.
Dwi wedi hen redeg allan
o gwestiynau i'w holi,
a does 'na ddim ar ôl
ond hen drawiadau yn pydru
fel ffrwythau cleisiog
sy'n codi cyfog o stumog wag;
ac maen nhw'n gwrthod llyncu'r ffaith
mai dyma'r drefn,
mai dyma drefn y byd –
ac nad oes synnwyr yn bod rhwng y crud a'r arch
nac ystyr i ddim rhwng yr arch a'r crud.

Hostivař, Prag, 2014

Y bore hwnnw

(detholiad o 'Awelon')

Roedd hi'n fore
pan ddaeth yr awel i'r brigau:
bore, mor frau â phapur sidan;
yn we pry cop o fore bach.

Daeth awel oer
i chwalu'r wawr yn fil o gregyn gleision
yn deilchion dan draed.
Daeth, a throi'r môr yn llysywen ddu.
Mygodd gân yr adar yn eu pig
a llusgodd dudalennau'r stori
trwy'r dŵr a'r llaid
a'u gadael, yn diferu
atgofion ar y lliain bwrdd.

Cape Cod / Nottingham, 2012

Oriawr Taid I

Mae hi'n drwm,
yn bwysau yn fy llaw
a llawer iawn rhy fawr i'w gwisgo
am fy ngarddwrn tenau i.

Oriawr Taid.
Rhodd o aeaf saith-deg-naw
pan fu rhyw anffawd
ar fferm yn y gymdogaeth
a Taid wedi mynd i'r adwy.

Wn i ddim mo'r hanes,
y pwy na'r pam.
Ond trwy sepia fy mhen
mi'i gwela i o'n mynd, cap stabl am ei glustiau,
ei wefusau heb wastraffu gwên,
ei fochau'n goch ym mrath rhyw awel fain;
a'i lygaid glas yn craffu; asesu'n dawel
cyn troi ar ei sawdl a gwneud, heb ffws
yr hyn sydd angen ei wneud,
ei lais bas llefrith-cynnes-syth-o-deth
yn galw'n awdurdodol ar ei ast.

Prag, 2013

Oriawr Taid II

(i Dad, ddaru ddysgu Cymraeg)

Mae'r gwydr fel rhyw grachen wedi ceulo
a thic-toc, tic-toc y gwaed
yn y gwythiennau wedi peidio.

Ond o'i chodi at fy nghlust fel cragen fôr
a gwrando, er nad yw'r cogiau gloyw'n dal i gnoi
yr oriau yn dameidiau erbyn hyn
mi glywaf yn ei siambrau gwag
sisial pell rhyw synau hen o hyd.

Ac o'i chodi at fy nghlust fel cragen fôr
clywaf leisiau'n codi'n llanw Medi o'i chrombil,
siarad mân tros lestri tsieina,
treiffl, jeli coch a chlecs.
Emynau trwm mewn pedwar llais
a chleciau gynnau.
Brefu ŵyn, bytheirio
a grwndi injan Fford.

Ond be wnaiff neb ag oriawr ddaeth i stop?
Yn sownd yn nhriog amser
yn cario'r dyddiau pell
fel pryfed mewn darnau ambr?

Ei rhoi yn saff yn nrôr y pethau coll
rhwng hen fatsys, allweddi
a hoelion sbâr
i'w chadw, nes daw'r ysfa,
rhyw brynhawn, i'w hestyn eto
a'i chodi at fy nghlust fel cragen fôr ...

Abertawe, 2016

Etifeddiaeth

Dydi'r iaith yn ddim byd mwy
nag oglau baco wedi glynu
at dudalennau beibl teulu
i Mrs Jones, set flaen y bws.

Ac er ei fod o'n beth mor smart
a'r lluniau ar y cloriau'n dlws
ac ogla'r tanau glo
sy'n codi rhwng talpiau
o efengylau'n
ei hatgoffa o'i thad-cu,

mae hi'n meddwl cael ei wared.

Ond pwy all Mrs Jones ei drystio
â gwaddol llychlyd, myglyd
braidd yn llwyd-darthllyd,
brau a mân-brintiedig
ei llinach? Pan fo'r plant
wedi ei wrthod, dim lle'n y tŷ,
a'r amgueddfa leol heb ddiddordeb?
Mrs Jones. Ga' i fod mor hy

ag awgrymu eich bod yn mynd ati
efo bwyell
i rwygo'r tudalennau oll o gloriau'u harch?
Torrwch nhw yn rhydd Mrs Jones,
a'u troi'n blu eira
a rhestrau siopa
ac awyrennau papur
ac adar origami
a darnau o gonffeti, gwyllt a gwyn.

Abertawe, 2017

Cawodydd

Pnawn dydd Iau
a daeth cymylau glaw
  fel jazz,
    yn feddal
ac annisgwyl
i chwarae cordiau lleddf
ar doeau'r tai.

Glaw fel sax
 yn syrthio'n feddal ac anarchaidd
i lenwi gwydrau pobl drist
ar stolion tal.

Glaw
 fel
 graddfeydd
  cromatig
yn byseddu'r asgwrn cefn
a gwlychu dillad cariadon
mewn gorsafoedd trên.

Glaw fel tawelwch
sy'n llenwi llynnoedd dyfnion
yn y mynyddoedd
hyd at eu hymylon.

Glaw fel jazz
  a sgrech trwmpedwr.
A'r canwr
  yn gadael
    wysg ei gefn
a'r llenni'n cau.

Abertawe, 2017

Mam yn yr *almendros*

(coed almwnd yw *almendros*)

Mae Mam yn yr *almendros*,
ei gwallt dan gonffeti gwyn
a'i chroen liw lili'r dŵr.

Rhwng petalau llestri tsieina
mae mêl *almendros*
y Molinos yn narcotig
sy'n llesmeirio.
Y blodau brau yn dawnsio,
yn gwrido fel boliau cwrel
poteli persawr Nain.
Mor frau â'r gwydrau tenau,
yn aros i wyntoedd Mawrth eu cipio
o'r canghennau
a'u sathru
yn y mwd a'r baw.

Mae Mam rhwng blodau'r gwanwyn,
eu bochau gwyn, dilychwin
heb gael gwenu na chrychu
eu crwyn yn llinellau bach.

Ond mae Mam
yn yr *almendros*
â gwên fel mwyar Medi,
a brychni Awst, a stormydd
Ionawr yn ei llygaid glas.

Madrid, 2016

Gorffennaf

Hel llus mewn hen bot menyn
a'r dydd yn des i gyd.
Tithau'n casglu'r dyddiau hir, gwybedog
yn benbyliaid i bot jam.

Sŵn y gwynt
a suo pryfed.
Crio brain
a'r cigfrain ar y creigiau'n
sgrechian marwnadau.
Tithau'n gwrando'n astud
ar sŵn byddarol y distawrwydd.

Ffrwythau tywyll
fel diferion gwin
wedi glynu at ganghennau'r llwyni,
a ninnau'n rhwbio'r sudd fel eli
ar freichiau a bochau
a'r haul yn ei sychu'n gleisiau
a briwiau ar ein crwyn.

Yr haul yn llusgo'r dydd i'w ganlyn
fesul awr trwy awyr dlawd.
Y machlud mewn carpiau glas
a bysedd llus yn staenio
godrau ei sgert.
Tithau'n trio peintio
llinellau'r gwyll
ar gefn dy law.

Tre'r Ceiri, 2015

Deiliach

Yn siwmper fy nhaid
a modrwy fy nain
a chôt a wnaed o hiraeth,
ei brethyn fatha cyflath,
fe af i unwaith eto
i grwydro'r strydoedd yn y niwl.

Ac mae llinellau'r metro'n
fy llusgo'n ôl,
'nôl, 'nôl tua'r canol
lle mae'r bobl
yn eu cotiau du
yn cerdded a'u pennau lawr yn y glaw.

Deiliach crin yn glynu
fel eneidiau coll
i sodlau eu sgidiau,

a'r niwl dros yr afon
yn ein tynnu
fesul tamed
tua'r môr.

Národní třída, Prag, 2013

Dinas Dinlle

Roedd y traeth yn wag,
mond ni ein dwy
a'r haul yn oer ar donnau Dinlle;

y dŵr yn llwyd, Pen Llŷn yn bell
a Medi'n camu'n betrus
rhwng y cerrig mân.

Roedd 'na rywbeth yn anesmwyth yn yr awel,
a'r adar fymryn bach rhy dawel
wrth i ni'n dwy gasglu cerrig gwyn.

Yr Eifl yn anniddig,
a Môn yn taflu ei hwyliau drwg
yn gawod sydyn am ein penna.

A ni ein dwy yn trochi'n traed
gan wylio'r creigiau
yn ein gwylio ninnau.

Ac amau efallai iddynt oll synhwyro
fod hwnnw'n rhyw fath o dro ola
a ninna'n sgipio cerrig dros y geiria.

Dinas Dinlle | Prag, 2013

Fin nos

Fin nos ar lan y Vltava.
Fin nos, a'r goleuadau'n
dechrau cynnau'n ara' deg.

Llafnau ola'r haul
yn byseddu'r darnau aur
ar doeau'r palasau
cyn eu chwalu'n un
gawod sêr
hyd strydoedd du y dre.

Dim ond dinas oedd hi,
cyn i ni ei chipio
a'i chadw mewn hen botel jin.
Dim ond dinas, cyn i ni
ddringo ei thyrau uchaf
i loddesta, fel brain,
ar yr eangderau.

Chysga i ddim heno.
Mae 'na wenyn yn fy ngwaed
yn suo, ac mae trwbadŵrs
y stryd yn saethu
llafnau eu sonatas at y sêr.

Karkův most, Prag, 2014

Amgueddfa Perthnasoedd Toredig

(Muzej prekinutih veza yn Zagreb)

Do, fe fûm yn sbio eto
trwy sbectol wyddonol
ar arteffactau mân ein byw.

Y cyfan wedi'u trefnu'n rhesymegol, wrthrychol
a'u gosod yn gronolegol
gan arbenigwyr blaenllaw yn eu maes.

Llyfr
ar hanes pensaernïol Budapest
a cherdyn post,
siwmper lwyd a mẁg o goffi
a staen lipstig ar lwy blastig.
Côt law a chawod eira,
tri stamp,
stop tap
a bwyell.

A sbio trwy'r gwydr
a'r haenen o faw
fel tynnu llaw tros weiren rydlyd,
a dim ond ambell ddarn o wlân
yn glynu'n styfnig i'r pigau mân.

Zagreb, 2014

Ffenestri'r nos

Allan fan'na
yn y gwyll
lle nad ydi golau'r sgriniau
na sŵn y sgyrsiau'n treiddio –
mae'r gwagle mawr
i'w weld yn glyd.

Yma, mae'r stafelloedd trydanedig,
rheoledig,
goleuedig
yn un anhrefn
o goesau a lleisiau
ac ewinedd a boliau
ac elfennau
            anghysylltiedig
eraill.

Yma, mae'r bobl,
fel Santa Lucia,
yn cario eu llygaid yng nghledrau eu dwylo
gan daro'n drwsgl
yn erbyn coesau bwrdd ei gilydd
a chleisio eu pengliniau
a gollwng diferion eu teimladau
yn staeniau gwin ar gwshins gwyn.

Mae fama'n llawn lloerenni,
pob un mewn orbidau bach
yn dawnsio, yn gyfres
o ddiffygion ar yr haul
a thyllau duon.

Allan fan 'na
lle nad ydi golau'r sgriniau
na sŵn y sgyrsiau'n treiddio,
mae'r nos yn ddigon du
i'r sêr gael gweld
y lloer yn gwrido.

Madrid, 2016

3.52 y.b.

Daw'r oriau mân i ymgasglu
fesul un, fel marblis i'n pocedi.
Ninnau'n ddau ar herw,
yn swatio'n dynn mewn cotiau gwlân,
cusanau coch y barrug
yn gwawrio ar bob boch.

Tacsis ola'r hwyr
a'r tramiau cynnar
yn rhwygo cwys trwy'r tarth.

Cerdded 'nôl,
un dyn, un ddynes
dwylo oer a gwefusau cynnes.

Vinohrady, Prag, 2014

Fore trannoeth

Mae lludw coelcerthi neithiwr
a'i oglau'n glynu'n fy ngwallt.
Y wawr yn oer, yn ddifynedd,
a'r trên yn hwyr.

Fe ddaw'r gwynt i'n sgubo ymaith,
ni ein dau, cyn hir.
A ni ein dau yn stond
wrth i'r ddinas ruthro heibio.
Yn stond,
a'r haul yn wylo
golau melyn, gwan i'n côl.
Ar ddisberod,
gwalltiau'n flêr
a'r tir dan ein traed yn gwegian
dan bwysau'r ofn.
Ninnau'n crynu –
nid gan oerfel
ond gan sylweddoli
ein bod ni'n dau am fynd yn hen.

Gwyneb fel neithdaren gleisiog,
dagrau'n wlyb
a'r trên yn nesu.

Hlavní nádraži, Prag, 2014

Eiliad yn yr haul

Daeth golau gwan yr hydref
i ruo hyd goridorau dur
y dref.

Sgubodd chwa o wynt
gudynnau ei gwallt
i'w hwyneb
ac fe oedodd
gan godi llaw i'w llygad.
Ac ar hynny
daeth cawod sydyn
o ddail crin
i ddawnsio yn y golau,
a llithrodd un
yn ddalen lân i'w phoced.
A disgynnodd defnyn cynta'r glaw
yn smotyn inc
ar gefn ei llaw.

Smíchovské nádraži, Prag 2014

Disberod

Creais fydoedd yn fy mhen
i 'mherswadio'n hun nad oeddwn
mor unig ag y tybiwn. Methais,
ac yn anialwch yr enaid
gwyliais ysgerbydau camelod
yn melynu'n araf yn yr haul.

Hostivař, Prag, 2014

Hefyd yn y gyfres:

Storm ar Wyneb yr Haul

Ni Bia'r Awyr

Hel Llus yn y Glaw

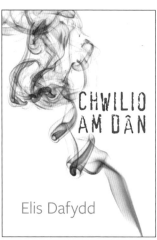

Chwilio am Dân